우리가 모르는 사이가 되어도

'우리'는
'모르는 사이'가

될 수 없다.

[우리가 모르는 사이가 되어도]

목차

⌒ 011
잘 지내고 있어요? 012
춤 016
춤2 021
탐험 025
나무 아래서 028
우리가 모르는 사이가 되어도 030
푸른 밤 046
청혼 050
그런가보다 054
마디 사이 056

종이배 061

5월 065

미운 달 069

위대한 전투 073

구슬 075

구슬2 079

불꽃 081

감정에 대하여 083

요즘 안부 088

대담 093

인사 095

아보카도의 도시 100

아보카도의 도시2 106

한 개의 태양 109

당신이 없는데요 115

침향 120

신의 고백 125

볕사냥 128

볕사냥2 132

당신의 사실 135

당신의 사실2 140

받은 편지함 145

무명 157

고슴도치의 고백 161

고슴도치의 고백 2 165

시작의 여행 172

존재의 탐구 179

우주비행사 189

여느 저녁의 일 193

언덕에서 198

난투 202

홈리스 206

답문 210

오래도록 풀리지 않는 의문이 있습니다 헤어짐을 반복하는 내내 말입니다 사람은 어째서 떠나는 것일까요 어디론가 향하는 것일까요 이 곳과 그 곳은 하나의 선상인데 어째서 움직일까요 기울어갈까요 깊은 곳의 호기심은 나를 채우고자 하는 하찮은 갈망입니다 그러니 도무지 이정표를 가려낼 수가 없겠습니다 잘 지내고 있어요?

실은 이 말을 세 번째 적습니다. 이 말만 적었던 것도 아니에요. 이전에 적었던 두 개의 나와 방금 다시 만나 보니 그보다 미울 수가 없습니다.

첫 번째 나는 애썼습니다. 묻지도 않은 질문에 홀로 답했습니다. 연거푸 답을 쏟아내는 나는 당신이 썩 탐탁치 않아할 만한 말들을 예쁘게 포장하여 뭉텅이 째 던졌습니다. 비겁한 여지들을 사이사이에 끼워 넣어 한껏 여유로워 보이는 쓰레기입니다. 전해지지 않은 것이 다행입니다. 읽는 내가 멍이 들어 잠시 고개를 돌리고 숨을 골랐습니다.

두 번째 나는 사고를 하기 시작합니다. 정신이 조금 돌아왔나 봅니다. 진심이 가 닿아야할 사람간의 경계에 대하여. 당신과 나의 경계에 대하여 부쩍 흐리다는 말을 할 줄 알게 됩니다. 깊은 숲의 색깔을 함께 담아두었습니다. 어두워 앞이 보이지 않는 색을 담았지만, 당신만은 나와 같이 그 위에 끼인 안개를 느낄 것을 잘 아는 때문입니다.

그리고 여기 세 번째 내가 있습니다. 숲 속 가장 깊숙한 곳에서 이제 물가로 나왔습니다. 안개는 여전하네요. 달빛에 비친 호수의 반짝임들이 서서히 증발하여

공기 중의 여운을 만들어줍니다.

내가 가만히 있어도 그렇습니다. 당신을, 당신과의 관계를 아름답게 착각하기 딱 좋은 곳입니다.

한참을 앉아 있습니다. 조금 서늘하지만 이만큼도 불편하지 않으면 돌아갈 길이 없어 보입니다. 내가 불편을 참는 만큼 당신을 생각할 수 있다는 것도 참 애석하고 역설적입니다. 돌아가야겠지요. 이 숲을 벗어나야겠지요. 작은 돌멩이를 집어 호숫가에 던져봅니다. 작은 퐁당 소리가 이 곳에 있는 나를 증명해줍니다. 한껏 돌아가기가 싫습니다. 아침이 온다고 하네요. 원하든 원치 않든 나는 당신을 마주하게 될 겁니다.

당신이 가르쳐준 걸음걸이로 찬찬히 걸어 나가보겠습니다. 마중은 아닐 겁니다. 마중은 아닐 겁니다.

기다렸습니다.

춤

원형이 얽힌다

그러니까 당신의 스텝과 나의 스텝은
각자 다른 장르에서 춤을 추고 있고

우리는 손을 잡은 채
각자의 스텝을 주고받는다

발이 밟히는 것을 극도로 조심하여
우리는 가끔 춤을 추지 않는다

가만히 있을 때에는

손만 잡고 있기 뭐하니까

손도 놓는다

그리고 할 수 있는 거라고는

서로를 관찰하고 바라보고

눈을 봅니다 눈을

아니 사실 정확히는 눈을 보지 못합니다

그러게요

나는 이미 얽혔습니다

포크를 부르고 포크를 춥니다

잔박에 맞춰 팔다리를 흔드는 법도

변박을 이리저리 둘러대는 것도

외국어를 배우듯 배우기는 했지만

그것은 나의 언어가 아닙니다

주로 눈을 똑바로 쳐다보고

바다 위의 부표처럼 띄엄띄엄
담백한 단어들을 띄워놓는 것에
마음을 한 움큼 놓습니다

블루스를 추는 당신 앞에서
오늘도 포크 스텝을 밟고 왔습니다

똑바로 바라보지 못하고

그래서 밟지도 못하고
눈 앞에 점을 하나 콕 찍고 오듯

발자국 하나 놓아두고 왔습니다

혼란스러워요 당신이

장르를 무엇이라고 해야할까 우리.

춤 2

내가 눈을 보지 못하고
턱 끝에 시선을 맞추는 것도

물 흐르듯 당신의 스텝에
몸이 기우는 것도

이건 모두 얽혀버린 것이다

원형과 원형이 얽혀
전에 없던 춤이 생긴다

그림자가 얽힌다

발이 네 개인데
세 개가 되었다가
두 개가 되었다가 그런다

누구 하나 넘어지면
여섯 개도 되고 해가 지면
여덟 개도 된다

전에 없던 장르가 생긴다

이름이 없다

다들 같은 이름을 쓰는 것 같은데

그래서 참 이름이 없다

답도 없다

내가 저기서 야 하고 부르면

네가 여기서 뭐 하고 말한다

그 말이 입꼬리를 타고 나가서

우리 동네 한 바퀴는 돌다가 오는 것 같은데

이미 너는 그 사이에

웃음 지었다

탐험

오늘은 한 시간 즈음 일찍 눈을 떴습니다.
깨기 전에 마지막으로 꾼 꿈은, 내 아래 아랫집에 사는 나이 많은 노부인이 심술이 잔뜩 난 채 키우고 계신 커다란 불독에 목줄을 메어 우리집 현관문을 두드리는 꿈이었습니다. 불독은 가만히 있지 못하고 앞집이 세워둔 유모차를 머리로 들이받고 아주머니는 개를 타이르다가 초인종을 눌렀다가 문을 두드렸다가 유모차를 일으켜 세웠다가- 나는 인터폰으로 그 부산스러운 모습을 지켜보며 이유는 모르겠지만 겁이 나서 차마 문을 열지 못하고 있었습니다. 그랬더니 그 아주머니는 인터폰 렌즈를 똑바로 쳐다보다가

현관문의 우유 배송함 사이로 손을 집어넣어 무언가를 툭, 내가 있는 쪽을 향해 던졌습니다.

"봐라, 이건 죽은 새다."
내 발 앞에 딱딱하게 굳은 죽은 새 두 마리가 턱, 도착했습니다. 나는 그걸 피하려던 소스라치는 감각 속에서 깨어났습니다. 곧장 침대에서 일어나 우리 집 현관문에 있는 우유 배송함은 잠겨있는지 확인하고 인터폰 화면을 켜봤습니다. 그 곳에는 아무것도 없었습니다.
화면이 꺼지자 그 위로 반사된 내 모습만이.

불안이 무엇인가 생각합니다.

언젠가 친구의 시를 읽다가 친구의 마음을 걱정한 적 있습니다. 나는 친구를 붙잡고 글로 쓰는 마음들에 대해 물었습니다.

그러자 친구는 배시시 웃으며 말했습니다.
"다 내 안에 들어있어, 그리고 네 안에도."

나는 그 말이 꾸준히 무섭고,
끝 없는 탐험 같습니다.

나무 아래서

이제 내가 당신의 나이가 되었습니다. 당신의 나이에서 나를 바라봅니다. 당신의 나이에서 나와 대화를 나눕니다. 당신의 나이에서 나의 고민을 들여다봅니다. 당신의 나이에서 나의 눈을 바라봅니다. 당신의 나이에서 내가 썼던 편지를 읽어봅니다. 당신의 나이에서. 당신의 마음에서.

야속했습니다. 왜 나는 그때의 나인데 당신은 그때의 당신이 아니게 되었을까. 왜 나는 여기에 있고 당신은 뒤를 돌아섰는가. 당신에게서 넘어오는 인사란 고작 저쪽을 바라보고 던지는 낱말들이 벽을 타고 올라와

천장을 넘어 나에게로 한 방울씩 떨어지는 인사입니다. 메아리치는 인사말들을 놓칠까봐 나는 이 자리에서 한 발자국도 움직이지 못하게 됩니다.

당신은 무엇이길래
그리 홀연합니까

나는 무엇이길래
목이 말라갑니까

우리가 모르는 사이가 되어도

우리는 주고받은 적이 없는 편지를

켜켜이 쌓아두었다

그 마지막 편지는 이랬다

"이제는 아스러지는 당신에게 말한다

덩어리 째 다가와 십수 년에 걸쳐

참 열심히도 부서졌다

처음엔 날카로운 균열이었다가 그 사이로 내가 물을 붓고

뒤 돌아있는 당신을 바라보며 나는 불안한 손끝으로

균열의 입구를 찾아 더듬거린다

균열의 틈새에 손가락이 들어가는 만큼

조금씩 매만진다

깊이

더 깊이

ㄱ ㅣ ㅍ ㅇ ㅇ ㅣ

아

끄트머리에 살갗이 베이는 것은 늘
살얼음에 에이듯 아프지만

화산재가 덮인 동네처럼 적막한 당신의 그림자에 앉
아 있을 때면
나는 그 틈새를 찾지 않을 수 없다

나도

태어났고

           숨
을 쉬고

                    있기 때문이다

      이 곳
저 곳에 물을 붓고

                  계절은 지나고 우리가
스치는

               순 간이 쌓이고

그럴

때마다

물은

얼었다

가

녹는다

왜 한사코

한사코 얼었을까

내가 바라는 것은 오직

단 한번

녹아내리는 것

한번만

한번만 나에게 그런 기억을 만들어줘 응?

뜨거운 시간들이 시원하게

        시원하게 울었다

저기 봐봐

저긴 저렇게

　　　　　따뜻

하잖아

저럴 수

　　있는

거잖아

모르는 것일까

당신은 모르

                                          는 것일까

            모르

는 건

 잘못이

     될 수 없지 않을까

                                        그럴까

희망을 품은 의심이 속출한다

나는 모르는 것과 잘못은 별개의 일이라는 것을

아주 오랜 시간이 걸려서야 알게 된다

우리는 떼어놓을 수 없는 굴레에서 태어나

같은 공기를 맡으며 숨을 쉬어야 했고 햇볕과 그늘을

나눠야만 했고 당신의 테두리 안에서 나는 손과 발을

접었다

손끝과 발끝

나의 끄트머리부터

존재하는 감각을 되찾기까지 꽤

오랜 시간이 걸렸지만 이제

나는 당신의 그늘에서 걸어나올 수 있고

따가운 햇살을 손으로 만지거나 가릴 수 있다

그 뿐만 아니라 내가 걸어야 할 길을 찾아 헤맬 수도 있고

때로는 누군가에게 길을 보여주거나 가리켜 줄줄도 안다

놀랍게도 이제는

내가 머리를 싸매고

당신의 길을 찾아 안내하는 날도 더러 생겼지만

당신은 여태

그 자리에서 움찍일 줄도 모른다

움직일 줄을 모른다

나는 그렇게

이 자리에

마음 한 조각이

오래된 껌딱지처럼 굳었다

이 글이 끝날 때까지 나는 내가

'우리'라는 단어를

어쩔 수 없이 쓰게 될 것이라는 것을 안다

그리고 언젠가 나는

내가 걸어온 길목마다 산산이 부서져 있는

마음의 조각들을

허리 굽혀 하나씩 치우게 될 것을

또한 안다

그럴 때마다 당신은

조금씩 사라지겠지만,

나는 울지 않을 것이다

더 이상의 물이 얼거나 녹아

깊어질 균열이 남아있지 않으며

그렇게 부서질 조각은

이미 다 부서졌을 것이기 때문이다."

봉투 바깥에는 이렇게 적혀 있었다.

당신에게 맞서기 위해 존재했던

수많은 '나'를

오늘로서 모두 적어냈다.

마지막 편지를 집어 들고 서서 잠시 동안 밖을 바라보았다. 그리고는 바닥에 떨어진 옷들을 하나씩 걸었다. 식탁에 편지를 내려놓았고, 어제 먹다 남은 국을 데웠다. 싱크대를 붙잡고 서서 멍하게 창 밖을 바라보다가도 전자레인지가 울리거나 밥솥에서 증기가 뿜어져 나오는 소리에는 움직였고, 갓 지은 밥과 텃밭에서 딴 싱싱한 풀들로 담백한 한 끼를 차렸다. 그게 다였다.

푸른 밤

당신의 까슬한 발바닥이
나의 차가운 발등과 맞닿을 때였습니다

우리는 깍지 낀 손을
마주 본 배꼽 사이에 끼운 채 누웠습니다

당신의 숨소리가 일정하게 들려올 때까지
나는 감은 눈꺼풀에 비친 빛 무리를
손끝으로 세었습니다

쌍꺼풀 접히는 곳을 따라 고여 있는

새푸른 은빛이

잔잔한 물결처럼 일렁입니다

아직 깊은 잠에 들지 못 했나봐

나의 손가락과 당신의 눈꼬리가 만났습니다

작년 이맘때에는 없던 게 생겼다 인사를 전합니다

이건 좋은거야 좋은거야

많이 웃어서 그런거야

그런거야

온 얼굴이 담은 궤적을 따라

당신의 잠결을 간질입니다

하지마아

내 손가락을 끌어다가는

당신의 볼에 올려놓고 큼지막한 손으로 덮습니다

내 손과 당신의 손이 포개어집니다

한 볼 가득

손바닥이 감싸안습니다

나는 두 손이 묶인 채

곤히 잠든 당신을 바라봅니다

예쁘네,

우리 엄마.

청혼

내 삶의 역사들을
한 줌에 쥐여줄 수는 없지만

매일 같은 조각들을
꾸준히 건네 볼게

당신만이 아는 곳에
당신만이 알 수 있게

시간이 걸리더라도
천천히 스며볼게

우리가 어떤 관계가 되어

지구상에 남은 시간들을
휘감을지 몰라도

절뚝이는 날들에
함께 엇박타고

벅찬 날들에
함께 뱉어내고

멈춘 날들에
함께 쉬어가고

그리고 남은 날들은
되도록 춤을 추고

그러면

그러면
좀 살아볼만 하지 않을까

가까이에 와줘서

고마워

만날 때마다

반갑자

그런가보다

너에게 편지를 쓰고 싶은가보다
말이 자꾸 물음표로 끝나는 것 보면

그 뒤로 알 수 없는 말이 붙어
목소리만 들리는데

듣고 싶은 대로 답이 되고
보고싶은 얼굴이 표정이 되어

네가 온다

나는 저물어가는 햇살과

그 앞에 놓인 작은 꽃병으로 시간을 가늠하는

이 아리송하고도 아름다운 세계에

그림자와 다를 바 없이 매일을 앉았는데

오늘은 네가 온다

내 마음대로 네가 온다

마디 사이

당기시오

미세오

아매리카노가 조아요

카페라태

잘 지내니?

네, 잘 지내요.

한국말이 늘었 니?

너의 자음과 모음이 보인다

자음과 모음이 손에 손을 잡고 썰매를 타는

매끄러운 입술이 보인다

소리가 허공으로 물장구 친다

흐릿해진 귓가에
먹먹한 심장 고동만이

둥둥 둥 둥
마음에도 비가 내린다
물에 잠긴 사람처럼
너의 목소리를 듣는다

사력을 다하는 얼굴의 근육들이

잡히지 않는 비눗방울을 향해 힘껏 손을 뻗은
어린아이 같다

키가 조금만 더 크면
잡힐거야

몇 번만 더 해보면
편해질거야

하릴없이 아름다운 일이다
내 입에 익지 않은 언어를 익히는 일은

아직 자라지 않은 방향으로

있는 힘껏

자라가는 일은

없던 것이 생겨가는 일

있던 것을 내려놓는 일

나뭇가지가 마디마다

자라는 방향을 달리하는 일은

계절이 바뀌어서 그렇다

그럴 때마다 햇살에 맞추어

방향을 잡아가는 일

나도 너에게

한 계절에 지나지 않았다

종이배

코웃음보다 무서운 것은

영영 가닿지 못하고 부서지는 마음입니다

내 쪽에서 시작되는 물길과

그쪽에서 흘러오는 물길이 정면충돌이라면 나는

내가 띄운 종이배가 고꾸라지는 모습을 보며

그래 뭐 우리는 참

어쩔 수 없는 일이겠구나

싶을 텐데

어쩐지 그 방향이 애매하게 엇나가서
종이배는

밤과 낮이 바뀌는 동안에도
부딪치지 못하고

눈앞에서 흐르는 물결을 바라보며

마주칠 순간을 기다리고 곱씹고
방향을 조금 틀어보기도 하고 흐르고
또 흘러가고 흐르고 흘러내고

그러다가

그러다가 앉은 자리에서

지구 한 바퀴 다 돌고 올 것만 같습니다

                                      그땐 부딪힐 수 있을까요

당신은

당신은

종이배를 띄웠습니까

5월

야 5월이다

왜 벌써 5월이냐

오월이 늘 그래

이제 막 시작인 것 같았는데

절반은 참 재밌어 그치

어쩐지 절반에 다가서면

한 고개를 넘어서는 것 같으니까

사람들은 절반에 서서 생각해

서기도 전에 생각하는지도 모르지

지금쯤 고개를 넘어가고 있는가
한 중턱에는 다다랐는가

걸어 왔는가
뛰어 왔는가

기어 가는가
날아 가는가 멈추지 않는가

정작 다다를 곳이 어딘지도 모르면서
애꿎은 두 발만 채근하고

믿을 것이 그 뿐이어서

응
시간은 흐르고 있으니까

어디에 머물러야 하며
어디에 다다라야 하는지
멈춰 서 호흡을 골라봐야지

그게 오월을 보내는 시간

하루를 보내는 시간

전부를 보내는 시간

미운 달

너

잘 지내니

미운 달이 오늘따라 고개를 뉘인다

어쩐지 뒷골이 뻐근하고 무거워

짙은 녹색의 산기슭 사이로

가장 푹신한 구석을 찾는다

살 냄새가 그리운 사람은

새벽이 되면 커튼을 들추어 고개를 내민다

유리창에 입김이 서려 구름인지 안개인지 한숨인지

하여간에 군데군데 뿌옇다

그들은 마지막 단추만 잘못 꿴 사이다
빛과 어둠이 선명해진 골목길 위로
함박눈 같은 기억들이 망연하게 깔린다

입김 한 번에 허공에 흩날리기도 한다
골목 구석구석 외로울 곳 없이 내려 앉는다

지나가던 강아지는 냄새를 한 번 킁킁 맡더니
그 코에도 눅눅한지 새것을 찾아 돌아다닌다

또 어떤 조각을 물어오려고

또 무엇을 쌓아놓으려고

멀어지는 강아지의 발목이 질척인다

추운 기색도 없이

뒷다리를 부르르 떠니

검은 때도 하얀 눈도 아닌 회색 뭉치들이

후드득 떨어진다

겁쟁이

하고 달이 말한다

미운 달이

고개를 넘어간다

위대한 전투

가을모기는 힘이 없대 철 지난 이야기들을 늘어놓는 것처럼 살을 뚫고 들어가지 못한 채 주변을 맴맴 돌며 지쳐 쓰러지는 운명이래 무슨 생각일까 본능을 제껴 두고 침체되어 있는 것만 같다 그러고 싶어서 그러겠니 하루가 이틀 같고 삼일 같은 시간이 그게 그러고 싶어서 그러는 거겠니 사람들은 무력함에 대해 말해 말을 너무 많이 해 정작 무력해지면 한마디도 뱉지 못한다는 걸 알지 못하는 것처럼 그게 어떤 싸움인데 바닥에 들러붙은 머리카락 한 올 걷어내기 위해서는 몸 전체를 뒤집어야 한다는 걸 알까 중력을 거스르는 싸움이 얼마나 위대한지 한 우주가 아스러져 있는 모양새가 얼마나 투명하고 아름다운지 과녁에 꽂히기 전 화살들은 팽팽한 활시위에 놓여 있는 힘껏 당겨지지 그런 거야 너무 당겨지다 그 상태로 잠시 진공상태가 된 거야 앞으로도 뒤로도 가지 않는다고 해서 힘이 없는 게 아니야 힘의 균형점에 서 있는 거야 그냥 사람들이 자꾸 무력(無力)이라는 이름을 붙여서 그렇지 응 그렇지

구슬

당신을 보면 여러 가지 감정이 들어
뭐랄까
눈에 너무 많은 것들이 담겨 있달까

그래? 구슬 같은 건가
왜 구슬치기 할 때 그런 구슬
햇살에 비추어보면 산란하는

껍질 속에 그것들을 숨길 때면
나는 조금 갸우뚱하지만

그러다가도 가끔

툭툭 내뱉는 호흡 속에

내가 봐온 것들이

물 속에서 탈피하는 갑각류처럼

일순간 튀어나올 때면

당신이 궁금하다고 하기에도

안궁금하다고 하기에도 애매한 지점에서 나는 이미

두 발이 젖어있어

길들을 눈 앞에 두고
나에게도 너에게도 인사를 하지 못하고

푸욱 젖은 채로 그냥
바라만 보고 있어

우리는 얼마간의 시간이 지나야 할까

아직 서로에게 이름을 붙이지도 못했는데
그래서 무엇부터 불러야 할지 모르겠는데

내 손에 담긴 구슬은 너무도 많아

하나씩 촛불에 비추어 보고 싶네

구슬 2

주머니에 넣은 손이 구슬을 데우고
데워진 구슬이 손에서 손으로

당신이 가진 온도와
내가 가진 온도가

손이 손을 알아볼 수 없게
구슬과 구슬이 바뀌어도 알아볼 수 없게

그렇게 말초신경부터 하나가 되는 날
그림자가 섞여도 아프지 않은 날

이름이 생길 수 있을까

그럴 수 있을까

불꽃

불꽃이 탄다

촛농 위에 몸을 얹은 파란 엉덩이
주황 칠갑으로 심지를 감싸 안은 몸뚱아리

이리저리 휘날려도 절대 놓아주지 않아
기어코 자리를 벗어나면 연기가 되고 마는

사람이 심지가 있어야지

이럴 때 하는 말인가

너를 두고 하는 말인가

온 마음을 쏟아 감싸 안으면
타는 게 타는 건 줄도 모르고

바람이 불어도 끈덕지게
엉덩이 힘으로 버텨야지

너를 보며 버텨야지

감정에 대하여

이제는 눈에 보인다. 보이는 것들을 갈고 닦아 꺼내어 놓을 줄 알게 되어간다. 감긴 눈으로 더듬어대던 구석구석을 먼지떨이로 하나씩 털어내어 손이 닿지 않고도 후드득 떨어진 것들만을 줍는다. 한 손으로 빨간 사과를 가볍게 던졌다가 툭 받아내듯이 재간을 부린다. 그렇게 편리해진 감각들 안에는 잃지 않은 마음들이 담겨 있다. 캡슐처럼 봉인이 되어있다. 사과의 과즙처럼 으스러질 때마다 눈물을 흘린다. 반짝이는 표면처럼 보기 좋게 담아놓는다. 비눗물에 헹구어 부드러운 행주로 닦아 놓는다. 그것은 사과에게 힘을 실어주는 일이다. 아니다. 사과 자체로서 존재할 수 있는 힘이다.

아니다. 사과 자체로 존재하는 것처럼 멋지게 보여줄 수 있는 능력이다. 아니다. 사과를 생각해낼 수 있는 힘이다. 아니다. 사과의 색깔을 정할 수 있는 힘이다. 아니다. 사과의 꼭지가 말랐는지 푸르른지 가까이 들여다볼 줄 아는 마음이다. 아니다. 사과의 엉덩이가 몇 개인지 고민하는 인내심이다. 아니다. 사과를 던지는 손아귀의 힘을 조절하는 기술이다. 아니다. 사과만 바라볼 줄 아는 집중력이다. 아니다. 사과가 사과가 아닐 때도 사과라고 우길 줄 아는 뻔뻔함이다. 아니다. 사과를 들고 여기를 좀 보라고 소리칠 줄 아는 깡이다. 아니다. 사과를 잠깐 뒷주머니에 숨길 줄 아는 잔머리다.

아니다. 사과를 툭 툭 공중으로 던지다가도 잠깐 멈추고 세상을 바라보는 여유다. 아니다. 사과를 왼손에서 오른손으로 오른손에서 왼손으로 옮기고도 오늘치 밥값은 했다 여길 줄 아는 가벼운 자존심이다. 아니다. 내 사과는 못 닦아도 남의 사과는 하루쯤 닦아줄 줄 아는 아량이다. 아니다. 사과가 없다고 주장하는 사람들을 측은히 여길 수 있는 도량이다. 아니다. 언제든 사과를 들고 서 있을 수 있는 체력이다. 아니다. 사과가 시들기 전에 물에 담글 줄 아는 관록이다. 아니다. 사과가 꼭 사과여야 하는지 의심할 줄 아는 성찰이다. 아니다. 정말 배고플 땐 사과를 쪼개어 먹을 수도 있는

결단력이다. 아니다. 누가 사과를 묻거든 우선 반만 꺼내어 보일 줄 아는 방어력이다. 아니다. 두 손 가련히 모아 사과를 이마 앞에 들고 절을 하는 간절함이다. 아니다. 사과가 깨지면 곧장 다른 사과를 만들어올 줄 아는 쿨함이다. 아니다. 사과가 무르면 손이 쪼글해질 때까지 붙들고 안아주는 따뜻함이다. 아니다. 내 사과와 남의 사과의 우열을 비교하지 않고 다양성을 존중하는 의식 수준이다. 아니다. 내 사과와 어울리는 사과를 찾아 나서는 적극성이다. 아니다. 아름다운 사과 앞에서는 모든 것을 무너뜨리고 사과만 존재할 수 있게 나를 없애는 일이다. 아니다. 아니다. 이런 모든 일이

찰나에 합쳐지는 일이다.

요즘 안부

낙엽을 쪼아먹는 비둘기가 있었다
그게 그러니까 먹는다기보다는
들었다가 내려놨다가
물었다가 뱉었다가 하는 것에 가까웠는데
오물오물거리는 것이 꼭
정말로 먹는 것과 같았다

핸드폰을 들여다보는 여자가 있었다
그게 실은 무언가를 본다기보다는
켜져 있는 어플을 들어갔다가 나왔다가
봤던 알림을 다시 봤다가 지웠다가

실행된 어플들을 줄줄이 늘어놓고는
세상에서 제일 바쁜 사람처럼

손가락이 화면 위로 뛰어 다녔다

담배를 태우는 남자가 있었다
그게 꼭 담배를 태운다기 보다는
숨을 들이쉬고 내뱉고 들이쉬고 내뱉고
손가락으로 툭
재를 털었다가 입에 물었다가
마치 호흡하는 법을 잊어버린 물고기가

수면 위로 끌어올려진 것처럼 뻐끔 뻐끔
허락된 시공간만큼
깊은 숨을 쉬어대는 것이었다

배가 부른데 왜 자꾸 배가 고프니

바쁘지 않은데 왜 마음껏 쉬질 못해
답답하다면서 숨을 못 쉬어 왜

너는 답을 못 한다
멍청한 것도 아닌데 답을 못 한다

살아있기 위해 죽어있는 시간이

길어서 그래

해가 뜨긴 뜨는데

내 방에만 들지 않아서 그래

말을 못 하진 않지만

딱히 시켜주는 사람이 없어서 그래

살아있다

나 여기 살아 있다고

대담

아니오. 나는 그렇지 못합니다.

세상이 마냥 밝지도
세상이 마냥 가볍지도 않습니다.

어째서 그렇지 못하냐고 물으신다면 나는
팔과 몸통 사이에 달린 날개를
쏟아지는 햇빛에 펼쳐 보여드리겠습니다.

힘줄을 따라 갈래갈래 결이 진
이 것은 나의 나이테입니다.

나는 날 수 없지만 날개를 가졌습니다.

불편하기 짝이 없는 이 것을

나는 사랑할 밖에.

인사

나 이제는 말할 수 있습니다 내가 이 말을 꺼낸다면 나는 영영 당신을 사랑할 기회조차 얻지 못할겁니다 그동안 참 오래도록 외면해왔습니다 나의 솔직함이 당신에게 위안이 될 것을 느꼈지만 그것은 나에게서 당신을 앗아가는 일임을 또한 알았기 때문입니다 이제는 아무렴 상관이 없어 이렇게 말을 꺼내는 것이 아닙니다 내가 드디어

사랑받지 않을 용기가 생겼기 때문입니다

이것부터 설명해야 할 것 같습니다 근래에 나는 사랑

이 무엇인지 깨닫는 일이 있었습니다 어느 비오는 날 바깥에서 요가를 했는데 선생님께서는 나를 극도의 안정상태에 다다를 수 있게 해주셨습니다 나는 빗소리와 풀벌레 소리 가지런한 호흡소리에 맞추어 가만히 누워있었습니다 그러다가 문득 나를 둘러싸고 있는 피부 주변으로 눈에 보이지 않지만 햇살이 닿는 듯한 기분 좋은 따스함 속에 놓여있다는 착각이 들었습니다 나는

정말로 편안하고 행복했습니다

조금 더 느끼고 있자 나는 이 감각이 어디선가 느껴보았던 감각과 닮았다는 생각을 했고 그 생각을 곱씹다가 천천히 눈을 떴습니다

아

나는 알았습니다
이것이 사랑이구나

그러니까 사랑은 별다른 것이 아니라 그저 하나의 감각이다 아기가 엄마 품에 안겨있을 때 연인의 품에 안겨있을 때 가장 이완되는 안전하고 따뜻한 감각 속에서 내 자신이 오롯하게 존재하는 것을 느끼는 것. 그 감각. 이것을 서로 느끼게 해주는 것이 사랑을 나누는 것이며, 내가 당신과 함께 있을 때 당신이 나와 함께 있을 때 우리가 자꾸만 좋았던 데에는 이유가 있는 것이었구나

그렇게 생각하자 나는 살아오면서 사랑을 느끼고도 사랑인지 모르고 지나쳤던 순간들과 사랑을 모르고도

사랑을 했던 순간들 그리고 사람들이 떠올랐습니다

당신을 사랑하지 않은 적이 없었다고
당신을 사랑하지 않은 적이 없었다고

이 말을 하고 싶었습니다
그 긴 시간 내내

부디 당신에게 위안이 되기를
그리고 깊은 미움이 될지도 모르겠습니다

아보카도의 도시

울퉁불퉁한 도시에 사는 그는

울퉁불퉁한 살갗을 가진다

두어 달에 한번쯤

그것들을 빡빡 밀어내고 나면

군데군데 미끄덩하게

딱지가 앉는다

아보카도 껍질처럼 질긴 것들이

여기저기에 덮힌다

눈을 감고 침대에 모로 누워
달이 지고 해가 뜨면

그는 딱지의 두께만큼
두꺼워진 생명을 만난다

주체도 없이 대책도 없이
예고도 없이 지도도 없이

살갗은 각자가 되어 모험을 떠나고
피부에는 숱한 영역들이 남아

늦봄에 떨어진 벚꽃 잎들처럼 겹친다

몸은 또 굴러다닌다

사람은 그렇게
한 꺼풀씩 또렷해진다

딱지의 두께에는
자비 같은 것이 없다

속이 답답할 정도로

거짓말도 없다

매일 아침 그는
불구덩이에 들어가는 빗방울처럼 걷는다

마음을 버리고 내딛는 걸음에는
세상을 울리는 소리가 연기처럼 스민다

지하철 출입구에 앉아있던 새들이 날아
헐떡이는 살갗에 날갯짓을 한다

그는 바람만 스쳐도

온몸이 아린 차가운 신음소리를 낸다

도시를 돌아다니던 살꺼풀들은

막다른 골목에서 서로를 만나

스스러운 눈인사를 한다

각자의 길을 이내 걷는다

익숙해지지 않는 골목들을 서성인다

하나의 도시는

그렇게 하나의 사람이 된다

아픈 줄도 모르는 사람이 된다

아보카도의 도시 2

편지를 물어다주는 새가 있었다

편지함은 사람이 닿지 않는 높이에 있었다

새들은 소리를 내었다

주고받는 이야기가 파장이 되어 번졌다

빛은 서로를 충돌하고

서로를 묶어낸다 얼마나 더

나아갈 수 있을까

거울을 많이 가진 것들은 부지런히

안으로도 밖으로도 두서없는 상호작용을 한다

빛의 산란

산란과 산란의 만남

만남과 만남의 만남

겹쳐지는 점들에서

삶의 변곡점이 나타난다

콘크리트 회백색 벽 속에 내려앉은 빛

콕콕콕 누군가들의 점이 찍혀있다

빛이 시시각각 다른 모양으로 닿는다

점들은 매일같이 이동한다

숲 속에서 바람이 살랑 불어오는 것처럼

새는 오고간다

하루가 간다

한 개의 태양

행복이 과해서 한 쪽 무릎을 꿇는다
그것은 절망에 가깝다
세상에 대해 무력해지는 것에 가깝다

아름다움에 대한 대항은
아름답지 않아지는 것 뿐

그 사실을 견디기 어려우면
한 쪽 무릎을 꿇는 것이다

너는 무릎을 왜 꿇는지

알지 못한다

아름다움을 보고

왜

아름답지 않지 않냐고 따져 묻는다

그게 얼마나 소리가 없는

투정이 되는데

무릎을 꿇은 채

미워지고 추해지는 것일 뿐인데

아름다움에는 말이야
서로 다른 종류의 것들이 있어

너를 일으킨다
그제서야 속삭인다

우리는 함께 아름다울 수 있어
그럴 수 있는거란다

태양이 두 개일 수 있어

색깔이 조금 다를지도 모르지

무엇이 더 뜨거운지

무엇이 더 용맹한지

무엇이 더 빛나는지

무엇이 더 아름다운지

줄을 세우면 누구는

꼭 무릎을 꿇어야 하잖아

그렇지 않을 수 있어

그렇지 않아도 될 수도 있어

무릎에 묻은 흙을 털어준다

탈탈 손도 털어낸다

마주 보고 두 손을 잡는다

두 개의 태양이 하나가 된다

이제 너는

울지 않는다

당신이 없는데요

당신이 있는데요

당신이 없습니다

오늘 처음 만난 사람이

짚어내더라고요

오늘의 나는 이 자리에 앉아

말투 하나 표정 하나 행동 하나

당신을 떠올린 적도

마음에 담아본 적도 없는데

그 사람이 그래요

당신이 없냐고

어디에 묻어있었을까요

어떤 문양으로 어떤 질감으로

아직까지도 나에게 존재합니까

벅벅 씻어내고 밀어내서

나는 껍데기가 홀딱 벗겨진 나무처럼

맨들맨들한 얼굴로 앉아있었는데 글쎄

또 당신이 있답니다

아니 없다고요

당신이 어딘가 있나본데

있는 줄 아나본데

없다고요

잔뜩 성이 난 코뿔소처럼 뛰어다닙니다
쿵쾅거리며 내가 앉은 의자 밑을 흔들어댑니다

붙잡고 물어보면 그저 성만 냅니다
갑자기 커져서는 위에서 질문 하나 내려다보며
아니라고 아니라고 나는 아니라고

당신이 없습니다

당신이
없는데요

나는 당신이 없는데요

그러게 당신이

침향

나무로 보였다

기본적으로는

세세하다 못해 징그러운 미로처럼

깎여나간 나무들이

대체 어떤 조각공이

이렇게까지 공을 들였을꼬

하고 생각하게 했다

저기

무엇이 나무를 이렇게 만드나요

장인은

그런 질문은 처음입니다만 하는 표정을 지으며

아무래도 곤충과 물이겠습니다 하고 답했다

나무가 자라는 동안

그 속의 물길을 따라 바이러스가 침투하거나 누군가

내 안에 들어와 집을 짓기 시작하면

나무는 스스로를 보호하기 위해

단단한 벽을 만들어냅니다

곤충이 파헤치는 길목을 따라
물길이 만들어내는 길목을 따라

스스로를 지켜내는 분리 벽을 둘러냅니다

저는 시간이 지나 나무를 자르고
바깥쪽의 목재 부위를 세심히 잘라내고
안쪽의 곤충도 물도 다 빠져나갈 수 있게
한참을 두고 나면

그 사이에 형성되어 있는

이 단단한 속살이 남아

바로 약재가 되는 것입니다

나무처럼 보이지만

절대 나무가 아닙니다

나무처럼 뚫리지도 않고

나무처럼 물에 젖지도 않으며

나무처럼 무르지도 않습니다

저기 그렇다면

질문에 대한 답을 바꿔주셔야겠습니다

나무를 이렇게 만드는 건

곤충과 물이 아니라

자기 자신인 것 같습니다

신의 고백

나

아주 적절한 잡음이 되어

귓가를 간질이는 생명이 되어

때로는 재잘거리고

때로는 노래를 부르고

한숨과 웃음을

호흡 안에 담아내고

불의 온기 대신

맨손의 온기를 전하리

나
아주 적절한 감촉이 되어
표피를 간질이는 생명이 되어

때로는 장난도 치고
때로는 투닥거리다가

돌아선 등 뒤에서
처음부터 하나였던 것처럼

기약 없이 감싸 안으리

별사냥

별을 사냥한다

내 호주머니에 너를 가둘 수는 없지만은

꽃에 달린 이파리처럼

너를 한 조각만 달고 다니게 해줘

저 멀리 우주에서

태양이 보내주는 힘을

너는 받을 수 있잖아

이제 곧 사람들이

우리 사이를 막을 거래

미세입자의 방출

우주의 거울

희미한 별빛들을 모아

우주로 돌려보내면

우리는

우리는 어떻게 되는건데

다시 차가워지겠지

부둥켜 안을 수도 있겠지

지나가던 사람이 자리를 잡겠지

있던 자리에 마을이 생기겠지

자라던 나무가 자라겠지

내리던 비가 내리겠지

그 옛날에 우리 할머니 할아버지

살던대로 흘러가겠지

항상성을 유지하는 것은 곧

한계의 극복

인간이 가닿지 못하는

무질병의 세계

별사냥 2

시간이 걸리는 일이겠지
숨막히는 집단적 적응이란

세상이 정말로 조금씩 추워지면
그때는 서로 부둥켜 안는 법을 연구하려나

적절한 거리와 온도를
숫자와 공식으로 보기 좋게 적어두려나

한계를 극복하는 것이
인간의 노력이라고

그렇다면 순응은 나태인가

순응에도 종류가 있어

분별 없는 순응이란

무식하고 무책임한 것

근거 없는 반항 또한

무식하고 무책임한 것

책임과 무책임의 경계

지성과 무지성의 경계

분별이 종국에는

인간의 지혜이구나

앉은자리에서 행하는

역사의 시작이구나

당신의 사실

사실
이라고 시작하는 말들은

어렵다

몇 층으로부터 올라온 말인지
당신은 지하 몇 층까지 뚫려있는 사람인지
단박에 알기란 자리를 깔아도 모자라다

그래도
가만히 보다보면

말과 말 사이의 줄임표

고개를 드는 각도

손끝의 떨림

입술의 망설임

눈빛의 경도

몸의 기울기

...

쿵쿵

흙냄새가 난다

이 모든 걸 제치고

잘 숨겨둔 몸의 구석에서부터

흘러나오는

축축한 흙냄새

사람의 지층을

생일 케이크처럼 잘라놓으면

어떤 구간에 어떤 색의 흙이 있는지

어디가 굳어서 딱딱하고 어디에 뜨거운 게 흐르는지

어딘가 조그맣게 뭉치기 시작하면
구석구석 박힌 돌들은 보글보글
게거품처럼 실체 없는 소리를 낸다

검버섯과 주근깨가 골고루 핀 얼굴처럼
겹겹이 나이테도 생긴다

나는 지질학자도 아니면서
자꾸 표본들이 쌓인다

현미경을 가진 죄

그런 거라고 선배가 말했다

당신의 사실 2

선배는 선배의 선배가 가진 돋보기를 훔쳤었다고 말했다 그녀의 얼굴에는 죄책감이 신물처럼 물씬 올라왔다 그럴 때마다 선배는 게워내지도 못하고 한 손으로 입을 막고 한 손으로 발등을 찍어왔지만 동시에 저 밑에 어딘가에서는 갖지 못한 현미경을 끝없이 욕심내는 마음이 만년설처럼 뾰족하게 굳어 잡히지도 않고 녹지도 않고 쿡 쿡 자꾸 그녀를 쿡

내가 훔친 것은
아무것도 아니다

그래

현미경도 아닌데 뭐

악을 악으로 덮으면 숨죽이는 악들이 박쥐 떼처럼 와
글와글 빛을 보지 못하고
평생이 동굴인 것이다

여기 누가 와서 문짝 하나 달아줄래요?
쿰쿰한 냄새 잠깐 참아내고

환기 좀 시켜줄 사람?

햇볕도 들게

거울 하나 달아줄 사람?

주인을 기다리는 강아지의 눈처럼 빠알간 입김이 그녀의 입가에 피어오른다 그것을 스쳐본 사람들은 죄다 눈을 비빈다 영문 모르게 마음이 매워진다 매워 그래서 사람들은 그녀 앞에서 눈살이 찌푸려진다 그녀는 자신이 보는 찌푸린 얼굴들이 양파처럼 맵다 가끔가다 고글을 쓴 사람들이 나타나 한동안 그녀의 곁을 지키기도 하는데 그런 사람들은 시간이 지나면 냄새를 맡는다 쿵 쿵 썩은 이빨 같은 흙냄새 만두 찜기에서 피어오르는 축축하고 뜨거운 김과 같이 아지랑이로 일렁일렁 소맷자락 바짓자락 조금씩 휘적일 때마다 이게 어디서 나는 냄새야 그녀의 주변을 다들 피한다 어쩐지 축축해 함께 있고 싶지 않아진다 돌아서 간다

선배는 알고 싶지 않지만 알고는 있다는 듯이 입을 벌리지 못하고 옴짝거린다 입 냄새가 날까봐 한 손으로 입을 가리는 사람처럼 늘 가린다

코끼리를 삼킨 죄

그런거라고 나는 말했다

받은 편지함

J.

네가 내 옆에서 감당해야 했을 마음을 나는 가늠조차 할 수 있을까 나를 좋아하기 때문에 나에 대한 선을 지키겠다는 너의 말을 나는 눈꽃이 핀 유리창처럼 바라봤어 손가락이 닿는 지점마다 눈이 녹지만 이내 살얼음이 에이는

J.

내가 다시 태어난다면 너와 사랑을 나눌 수 있을까 내가 할 수 있는 말은 고작 나도 네가 좋아, 많이 아껴 등

의 말 뿐이라서 빙상 위에 서 있는 네 발 위에 꽁꽁 얼지 말라고 뜨거운 물 한 번씩 부어주는 일 뿐이라서 그게 다시 얼어가는 과정은 나는 책임을 지고 싶지 않아서 혹은 질 수도 없어서 고개를 돌리는 것이 너에게는 매 번 생고문이 되지 않을까 하는 마음조차 나는 외면해

J.

나는 사랑을 할 수 있을까. 나는 누구일까. 너에게 좋다는 말을 하지만 너를 사랑할 수 없는 나는 누구일까. 과연 그런 것일까. 그럴 수 있는 것일까. J. 사랑에는

어떤 종류라는 것이 있는 것 일까.

J.

이름을 불러도 보고싶은 J. 그러면,

그러면 꽤 깊은 것일까.

J.

나는 너의 사랑이야기가 궁금해. 내가 잘 못하는 것이

기도 해서 너의 굴곡진 경험들이 나를 매료시켜 J.
나는 가끔 너의 몸이 가진 굴곡들을 조용한 불빛 아래서 상상하기도 해
J. J. . J.

나는 이제 네 이름을 꽤 자주 불러. 네 이름이 불려. 허공에서 울려. 퍼지고 감싸고 마음대로 춤을 추고 나에게로 닿아. 피부에 붙어. 녹아. 흘러. 끈덕져. 닦아내는 데는 시간이 필요해.

.

어쩌면 닦이는 것이 아니게 될까봐 부를 수 없게 된다. 그럴까봐. 나는 그럴까봐 무엇도 닿는 것이 싫어진다. 파리해진다. 햇살이 비치면 점점 투명한 몸을 갖게 된다.

J. 나는 너로써 색깔이 완성된다.

J.

J.J.J. 　　J.

나를 채워줘 J.

J.

나는 도대체 어떤 색깔이었던걸까. 과연 상상이나 할 수 있을까. 그게 가능한 일일까 J.

J.

나는 너를 찾아. 찾아 떠나. J.

사랑해

J.

나에게 사랑을 가르쳐 준 J. 나의 일부가 되어버린.

                                            J.

나는 너를 오래도록 보관할거야. 보존할거야. 담아둘 거야. 흘러갈지도 모르지. 그래도 모래처럼 계속 부어둘거야. 어디든지 묻어있을 거야. 옷에도 신발에도 모자에도 탈탈 털어도 또 뒤집으면 주머니에서 한 알씩 튀어나올거야. 먹는 음식에도 씹힐거야. 기분이 나빠도 기억할거야. 그건 어쩔 수 없는 일이니까

J.

단어보다 네가 커져서 사랑한다는 말도 안나와.

어쩌면 좋으니.

J.

빈 커서를 깜빡이게 두면

말을 하고 있는 것 같아

내가 언어를 상실했다는 증거겠지

J. 너에게 신호를 보내고 있는 것 같아

그것만 알아줘

J.

보고싶어.

J.

언젠가 끝이라는게 있을 까. 세상의 끝도 알겠고 인간
의 유구한 끝 조차 납득하겠는데
도무지 우리의 끝은 감도 안와.
J, 나
이대로 괜찮은걸까.

　　　　　　　　J.

잘 있어.

무명

당신이 어떤 이름을 가졌던지
나는 상관이 없습니다

우리는 모두 하나의 동물입니다

당신의 이름이 당신을 어떻게 구성하는지
무엇이 당신의 이름에 가까운 정의와 행동인지
어떤 이름의 존재로서 가장 빛나는지

나는 그것보다는
너의 냄새를 맡고 싶다

족적이 남은 흔적을

가까이서 들여다보고 싶다

어깨를 잡아보고 싶다

몸의 질감을 두드려보고 싶다

등을 돌리고 앉아보고 싶다

온 몸을 부벼보고 싶다

네가 없다고

네가 없었다고

울부짖어보고 싶다

또 네가 왔다고

오늘도 네가 왔다고
뛰어올라 춤추고 싶다

고개를 맞대고
몸을 기울여
눈으로 말하고 싶다

당신이 어떤 이름을 가졌는지

나에게는

나에게는

고슴도치의 고백

사람을 만나는데 이유가 필요하다고
정성껏 적은 초대장이 있어야 되는거라고

그런 최후의 통첩을 들고서 나타나
허벅지에 손 슥슥 닦고 건넨다

앞뒤로 시간이 뒤죽박죽
덕지덕지 들러붙은 마음의 파편

눈을 감을 수가 없다
어떻게도 눈감을 수가 없다

아무 말을 하지 않으면서도
가장 시끄러운 고백이 있다면

그것은
고슴도치가 여린 살 곁으로 다가오는 일
가시 잔뜩 세우고 천천히 기어오는 일

비언어의 갑옷 삐죽빼죽 둘러입고
심장이 닿을 거리까지 들이닥치는 일

여린 속살이 선연히 붉어진다

잘 익은 리치처럼 껍질이 헐떡인다

그 사이로 뽀얀 속살이 들킨다

볼 수가 없다

정말 볼 수가 없다

누군가는 가시에 찔려가며

껍질이 떨어지지 않도록 꽉 안아야 한다

누군가는 뼈와 살이 보여도 놀라지 않고

조용히 그리고 차분히 미소지어야 한다

어떤 누군가는

어떻게든 누군가는

고슴도치의 시작점에서

도망가지 않아야 한다

고슴도치의 고백 2

나 오늘 고슴도다
너 이럴 때는 좀 고슴도치야

고슴도치는 고슴도치를 만났다
알고보면 모두는 고슴도치적 자아를 품에 숨기고 있다

언제 어느 순간에 고슴도치가 되는지는 마치 예기치 못하게 미모사를 건드리게 되거나 한 눈 판 사이에 냄비가 끓어오르는 것과도 같아서 항상 가까이 예의주시할 필요가 있다

고슴도치는 고슴도치를 만나더니 고슴도치여도 괜찮다는 생각을 드디어 했는지 어느 날부터 고슴도치가 아닌 척 하기를 포기하더니 점차로는 본인이 언제 가장 고슴도치 다운지를 관찰하는 지경에 이르렀고 마침내 어떤 가시가 어떤 때에 가장 날카롭게 일어서는지도 알아낼 수 있었다

이제는 고슴도치가 세상을 살아가는 방식에 대해 연구할 차례다 라고 생각할 즈음에 고슴도치는 세상을 살아가는 수많은 인간들을 보며 나도 어쩌면 고슴도치가 아니고 인간이지 않을까 하며 고슴도치로 정의

되기를 탈피하고자 하는 묘한 감정을 느꼈다

고슴도치이기를 받아들이면서도 고슴도치이고 싶지 않은 모순적인 자기혐오는 어디에서부터 기인되는가에 대해 어딜 둘러봐도 답이 없었다

인간은 언제부터 고슴도치이며 고슴도치는 어느 순간부터 인간이라고 할 수 있는가

고슴도치는 바쁘게 움직이는 인간들을 보며 그 안에서 기어다니는 고슴도치 친구들의 낑낑거리는 울음소

리에 주목했다 구석진 냄새에 스며들었다 구겨진 발걸음에 홀렸다

몇 날 몇 일을 세상 속에서 관찰자로서 은둔했다 고슴도치를 찾아라 고슴도치를 찾아라 고슴도치들을 꺼내라 고슴도치들을 만나라 고슴도치들을 고슴도치들을 여기는 인간세상이 아니다 고슴도치 세상이다

고슴도치는 그렇게 세상과 친해졌다 인간세상을 고슴도치 세상으로 해석하고서야 세상을 낯설지 않게 느끼게 되었다 고슴도치는 굴렀다 인간을 더 이상 인간

으로 보지 않게 되니 인간이 된 것 같았다 그러던 어느 날 고슴도치 냄새가 안나는 인간을 만났다 그는 그랬다

고슴도치 세상이 곧 인간 세상이다

고슴도치는 이해할 수 없었다 인간세상이 고슴도치 세상이라고 이해했지만 고슴도치 세상이 곧 인간세상 이라고는 이해할 수가 없었다 고슴도치가 인간이고

인간이 고슴도치이고 고슴도치는 원래 인간이었고 인간은 원래 고슴도치였음을

고슴도치는 인간이고
인간은 고슴도치고
고슴도치는 인간이고
인간은 고슴도치고

고슴도치와 인간 사이에서 살아온 시간이 진공청소기처럼 빨려들어갔다 이불이 청소기에 빨려들어간 것처럼 꽉 막혔다 붙들렸다 그는

더 이상 인간도 고슴도치도 아니었다

존재가 되었다

시작의 여행

가능한한 까끌거리는 이름으로 불러야겠다 생각했다
내가 가진 단어 중에 가장 투박한 단어

어떻게도 미끈덩 빠져나갈 수 없는 단어에
당신을 가둬야겠다 생각했다

누군가 그 이름을 부르며 키스를 퍼붓는다면
그야말로 재수없는 구렁이나 여우쯤이 될
그런 요상한 단어 찾아 자물쇠처럼 입술에 채워두고
손을 잡아 끌 것이다

                        해가

드물게 지는 곳으로

                            향할 것이다

   눈 맞출 것이다
아무 일도 없는 것처럼
아무 일도 없을 것처럼

웃을 것이다

종종 내리는 부슬비에도

가끔은 뒤돌아볼 것이다

그러다 뛸 것이다

                              발이 발이 아닌 것처럼
          손이
     손이 아닌 것처럼

　　　　　　털어놓을 것이다

석연한 풍경 속에

　　　거짓 같은 진실을
　말할 것이다

　　　　　　저기 보이는

저
수평선이 종점이라고

                                        저기까지만

딱 저기까지만 뛰는거라고

그냥

            뛰어 보자고

                                        무서워

그럼 일단 걸어보자

어쨌든 나랑

      나랑,

움직이자

움직이자

움직이자

.

.

.

태양이 꿈을 꾸고 나면

무지개가 뜨니까

존재의 탐구

1

파도가 지구의 옆구리를 쓸어낸다

그러고보면 파도는
어디서부터 메슥거리는지
뭘 그렇게 삼켰는지

매일을 부서져도
아틀라스처럼 도돌이표다

밀려오다 밀려오다

중력을 이길 수 없을 만큼

얇고 둥글게 빚어져서야

갑자기 부서지는 삶

그런 삶들이

누군가의 등을 쓸어낼 수 있다

매일을 아스러지는 삶이 좋다

2

어쩐지 바닷가에만 가면

목구멍에 돌을 얹은 것처럼

아무 말도 할 수 없는 순간이 온다

쏴아아―

모래는 기다렸다는 듯

내 발가락 하나씩 삼키고

바람에 따귀를 맞은 나무들은

줄줄이 늘어져 있는데

저 멀리 광활한 구석구석들은

어제도 내일도 없는 것처럼 평온하다

특히 기온과 수온이 비슷해지는 시간에

하늘과 바다의 경계는 손가락으로 문댄 것처럼 흐려지는데

그럴 때는 세상이 전복되었다고 외쳐도
알아주는 사람 없이 나만 양치기 소녀일거 같아서 서늘하고 기이하다

그 기분 씻어보고자
괜히 파도의 끄트머리를 따라 걸으며 드넓은 한 폭 그림의 일부가 되어보려 하기도 하고

척척한 모래에 흔적이 된 거품들을 손바닥으로 발바닥으로 쓸어 모아보기도 하고 수평선 가까이를 기약 없이 바라보기도 하고 멍하게 파도의 숫자를 세어보

기도 한다

그러다 저 멀리에서부터 나와 눈을 맞추는

부서지지 않고 밀리고 밀려

기어이 내 발 앞까지 쓰러져 오는 어떤 파도를 만나면

갑자기 목에 걸린 묵직한 것이

발바닥으로 주욱 밀려 내려가는 듯한 기분이 들 때가

있는데

나는 그때 알았다

파도의 천벌은 누군가의 등을
쓸어내리는 것으로 받는가 보다

3

대체 어떤 파도는 그토록 성실하게 벌을 받고
어떤 파도는 기울거리다가 사라지는가

존재의 각기 다른 역사를 살피기 위한 노력은 파도를
객체 이상으로 보고자 하는 노력이며 이 세상 모든 것

들은 객체 이상의 삶을 가지고 있다 그리고 그것은 보는 사람의 시선이 얼만큼 열려있는지에 따라 정확히 묘사될 수 있다

하지만 생각보다 많은 경우에 나 자신이 아닌 무언가를 주체로 즉각적인 사고 하는 것이 어렵고 이것을 해내기 위해서는 훈련과 연습이 필요하다

파도와 나는 그런 측면에서 숱한 연습 기간을 가진 상대인데, 이를테면 파도의 탄생에 대해 파도의 어머니인 물이 바람과 교감하는 순간, 몸이 섞이는 각도,

바람의 종류, 시작점에 서 있는 힘 등으로 그 파도의 존재를 이해해보고자 하는 노력을 한다던지, 또 내가 바라보는 파도와 그 주변 파도와의 관계를 살피고 파도가 밀려나오는 속도를 살피고 그 모든 것들로 한 파도가 가진 삶에 대해 상상하고 고민해보는 시간을 쏟는 것이다.

그리고 파도는 무엇이든 될 수 있다

4

참, 그러고보면 가장 중요한 질문을 안했다

파도는

무엇을 잘못 했길래 .

우주비행사

이 곳에

반지 하나쯤은 잃어버려도 좋겠다고 생각했다

여기 어딘가

아련하게 찾아다닐 핑계 하나 남기고

하얀색이었던가 은색이었던가

그 사이에서 질척이던 색감 따위 상상하며

이 곳인가

     저 곳이던가

답답한 뜨내기처럼 돌아다니며

천천히 헤집고

천천히 돌려놓고

그렇게 시간 좀 벌어보고 싶다

스페인 선인장의 고깔모자처럼

기다릴 명분도 하나쯤 비스듬히 걸쳐두고

나는 모르겠어요

아직도 모르겠어요

하얀 분필로 써놓고 싶다

그러다 어디선가
중력이 없는 것처럼 다가오는

두 손이 나를 감쌀 때

질끈 감은 두 눈 뜨고
한쪽 손 끌어다가
내 얼굴 반쪽 덮어두고 싶다

나 여기에 있어요

입술을 지나 목덜미에 얹어두고 싶다

여기 있었어요

그러다 쇄골에

심장 위에 올려두고

다시는 잃어버리지 않을 것이라도 되는 것처럼

내 두 손으로 감추고 싶다

여느 저녁의 일

문 밖에는 비가 추적추적 내린다

저녁 내 같이 있던 친구에게
주절주절 말을 뱉어놓고 보니

떠가는 실구름보다는 무겁고
실타래만큼 엉키지는 않은 게
꼭 바다에 풀어놓은 미역처럼 미끈덩 흘러다닌다

이럴 때 머릿속이 액체가 된 것처럼 이리저리 흔들었
다가는

쉽사리 엉켜버리니

집까지 가만히 걸어 올라왔다

접시를 얹은 광대가 되었다

한 계단

　　두 계단

세 계단

      네 계단

다섯 계단

여섯 계단

아슬아슬한 마지막 계단 무겁게 넘어서는
오래 묵은 큰 숨이 발에 채여 삐죽
빠져 나온다

휴우

비워진 몸 덩어리 속으로

넝쿨 같은 말들이 삽시간에 자라난다

'살아간다는 것

도대체 그것이 뭐길래'

쨍그랑

나는 고개를 젖혀

하늘을 올려다 보았을 뿐인데

언덕에서

이제부터 시작된건가
우리의 슬 픔

해가 고개를 넘어
보일락 말락 하는 뜨거운 잔상이 되었을 때
당신의 뒤통수도 깜빡 깜빡 길을 걸었다

나는 천천히 걸으려고 했던 건 아닌데
체한 사람처럼 발이 무거워지고

그런 핑계로 천천히 걸었다고

마음에게는 거짓말을 해두고

당신은 어느새 점이 되어가고
이내 소멸해가고

발갛게 물들어가는 비현실의 공간에
풍경은 액자처럼
서서히 멀어진다

등나무도 좋고 버드나무도 좋으니
당장에 썩은 나무 넝쿨 하나라도

내 머리 맡에 내려왔다면

그렇게 무어라도 붙잡고
멈춰설텐데

부러지는 나뭇가지마다
엄연히 사랑할텐데

생채기마다 달갑게 무릅쓴
온기를 전할텐데

머리카락 한 올 남기지 않고

겨울바람처럼 걸어갑니다 당신

난투

맛있는 별을 먹었습니다

그게 혀 끝에 스미는 감각이
얼마나 무섭게 빛나는 일인 줄 모르고

침 한번 퉤 뱉었다고
입에 없는 별을 못 본 체 합니다

온 입안은 형광물질이 가득한데
UV램프에 비친 박테리아처럼

세상이 번졌습니다

번져 있습니다 그걸
어찌할 수는 없습니다

긁어낼 수 없습니다
덮어낼 수 있지만요

사실 덮어낼 수 없습니다
덮는 건 찰나일 뿐이니까요

물들일 수는 있습니다
아 정말로요
물들 수 있기는 합니까?

이런 일에는 도통 정답이 없다
나는 경주마에 베팅을 하듯
여러 해답들을 줄지어 세워놓고
어깨 툭툭 치며 기대를 걸어본다

남은 건 시간을 벌어주는 일

씻기지 않을 것들을

찬찬히 핥아주는 일

홈리스

손가락이 우울한 탱고를 춘다

모세혈관들이 울룩불룩

리듬을 둠칫둠칫

바람이 빠지는 아코디언처럼

숨을 불어낸다

등을 연주한다

서로를 더듬거리는 오랑우탄들은

찰박한 감각을 피부에 새긴다

어디로든 언제든 넘어갈 수 있어
어디에도 머물 곳을 찾지 못한 채

매일을 손아귀에 쥐고
서로의 눈동자에 펴 바른다

그렇게 오늘만 보자고
오늘만 잘 살아보자고

점과 점을 잇는다
선을 익힌다

시간과 기억을 지운다

진동을 불어넣는다

익숙한 향기가

간절한 공간을 채운다

감은 눈 위로

소복한 입술을 얹는다

맞닿은 구석들을

여리게 부빈다

따뜻한 곳을 찾아

냄새를 맡는다

집이 없던 곳에

집을 짓는다

답문

사랑을 줄 줄도 알고
사랑을 받을 줄도 알고 싶습니다

진지한 생각을 늘어놓다가도
시덥지 않은 농담을 할 줄 알고

불안과 걱정에 마음 아파하다가도
묵묵하고 담담하게 차 한 잔 내려주고 싶습니다

어떤 사람이 되고 싶으냐고 물으셨다면
아직까진 그렇습니다

사람과 관계가 전부인 것처럼 살다가도
홀연히 나의 것들을 늘어놓을 줄 아는 사람

끝이 보이지 않는 것처럼 살다가도
정갈한 마침표를 찍을 줄 아는 사람

그리고 오늘 당신의 물음과 같은 물음들을
다정하게 전할 수 있는 사람

나의 지향이자, 나의 소원입니다.

〈우리가 모르는 사이가 되어도〉

끝.

시집 〈우리가 모르는 사이가 되어도〉

초판 1쇄 발행 2023년 12월 13일
지은이 · 편집 · 디자인 아웃오브블루
펴낸곳 이영 **출판등록** 제2021-000099호
인스타그램 @iyoung_books

ⓒ 아웃오브블루(Out of Blue)
ISBN 979-11-982041-1-0

* 이 책 내용의 전부 또는 일부를 재사용하려면
반드시 저작권자의 동의를 받아야합니다.